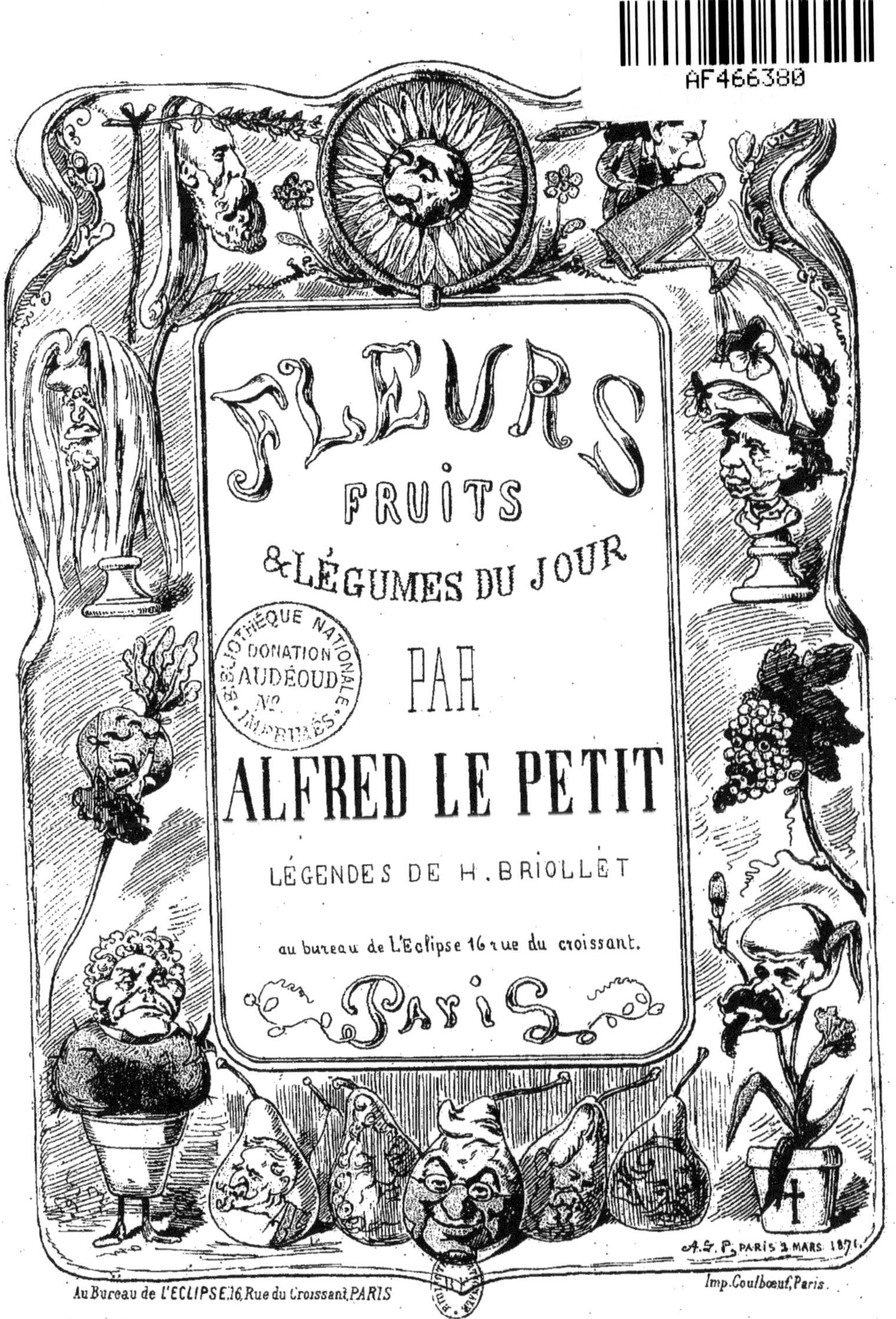

FLEURS
FRUITS
& LÉGUMES DU JOUR
PAR
ALFRED LE PETIT
LÉGENDES DE H. BRIOLLET
au bureau de L'Eclipse 16 rue du croissant.
PARIS
A. L. P. PARIS 2 MARS 1871.
Au Bureau de L'ECLIPSE 16, Rue du Croissant, PARIS
Imp. Coulbœuf, Paris.

L'ŒILLET

LE GÉNÉRAL TROCHU.

Air: *Du haut en bas!*

Il a son plan
Sous trois cachets chez un notaire,
Il a son plan
Précis, infaillible, excellent,
Est-ce, un chef-d'œuvre militaire?
N'en sachant rien l'on doit se taire,

FLEURS, FRUITS & LÉGUMES DU JOUR.

LE SOLEIL.

2

Au Bureau de l'ECLIPSE, 16, Rue du Croissant, PARIS
Imp. Coulbœuf, Paris.

GAMBETTA.

Ce Tribun, la terreur des princes,
Depuis le Nord jusqu'au Midi,
Sut réchauffer dans les Provinces,
Le patriotisme engourdi.

FLEURS, FRUITS & LÉGUMES DU JOUR.

LE PERCE-NEIGE.

Au Bureau de L'ECLIPSE 16, Rue du Croissant, PARIS

Imp. Goulbœuf, Paris.

LE GÉNÉRAL CHANZY.

Ce Perce-Neige là, soldat des plus vaillants,

Percera les Prussiens, qui ne seront pas blancs

FLEURS, FRUITS & LÉGUMES DU JOUR.

LE CACTUS EPINEUX.

4

Au Bureau de L'ECLIPSE, 16, Rue du Croissant, PARIS

Imp. Coulbœuf, Paris.

M. DELESCLUZE.

Il est très-doux dans son sommeil;

Mais il est terrible au Réveil.

FLEURS, FRUITS & LÉGUMES DU JOUR.

LA POMME DE TERRE

Au Bureau de L'ÉCLIPSE.16.Rue du Croissant.PARIS

Imp. Coulbœuf, Paris.

M. DORIAN

Tandis qu'en plein azur en vain le poëte erre,
Il agit, Dorian, chacun le reconnait;
Dans la réalité qui nous étreint, l'on n'est
Jamais trop homme de terre.

FLEURS, FRUITS & LÉGUMES DU JOUR.

L'HORTENSIA.

6

Au Bureau de L'ECLIPSE, 16, Rue du Croissant, PARIS

Imp. Coulbœuf, Pari

M. EDMOND ABOUT.

About, fait certain livre et le dédie à l'homme,
Fils d'Hortense ; on y lit ces mots que j'en extrais :
« A l'auteur de tous nos progrès, j'offre ce tome »
Signé « L'auteur du Progrès

FLEURS, FRUITS & LÉGUMES DU JOUR.

LE ROSIER DES BATAILLES.

Au Bureau de L'ÉCLIPSE, 16, Rue du Croissant, PARIS — Imp. Coulbœuf, Paris.

LE GÉNÉRAL FAIDHERBE.

Ce rosier là, dit « des batailles »
Doit fleurir à Paris au mois de Février
Il vient du coté de Versailles
Et porte assure-t'on des feuilles de laurier.

LE POIS DE SENTEUR

Au Bureau de L'ECLIPSE, 16, Rue du Croissant, PARIS

Imp. Coulbœuf, Paris

M. JULES SIMON

(*Air du refrain de Jenny l'Ouvrière*).

Jules Simon, auteur de l'Ouvrière
Au cœur, hélas ! plein de souci
Certes pourrait n'être rien, il préfère
Etre ministre aussi.

FLEURS, FRUITS & LÉGUMES DU JOUR.

LE RADIS.

Au Bureau de L'ECLIPSE 16, Rue du Croissant PARIS

Imp. Coulbœuf, Paris.

M. FÉLIX PYAT.

Banni par l'Empereur, dans la libre Angleterre
Il a passé de longs jours,
Et rentra parmi nous sitôt l'Empire à terre.
Le radis revient toujours.

FLEURS, FRUITS & LÉGUMES DU JOUR.

LE NARCISSE

Au Bureau de L'ÉCLIPSE 16, Rue du Croissant, PARIS

Imp. Coulbœuf, Paris.

M. JULES FERRY

Eloquent comme Mirabeau,
Fait au moule comme un cent garde,
Jules Ferry voit tout en beau
Et surtout lorsqu'il se regarde.

FLEURS, FRUITS & LÉGUMES DU JOUR.

FLEUR DESSÉCHÉE.

11

Au Bureau de L'ÉCLIPSE, 16, Rue du Croissant, PARIS

Imp. Coulboeuf, Paris.

M. LITTRÉ.

Littré, la fleur de la science,
D'un Dictionnaire accoucha;
A ce travail de patience,
La pauvre fleur se dessécha.

LE PÊCHER.

M. STEENACKERS

Des fils du télégraphe il a su détacher,
Pour nous les envoyer, mainte nouvelle fraîche.
L'on représente ici Steenackers en pêcher,
Car c'est vraiment l'homme **dépêche**.

PENSÉES.

Histoire de la Révolution Française

Révolution de 48

Histoire de 10 ans

Lettres sur l'Angleterre

etc. etc. etc.

Alfred Le Petit
PARIS. 4 Février 1871

Imp. Coulbœuf, Paris.

Au Bureau de L'ÉCLIPSE 16, Rue du Croissant PARIS

LOUIS BLANC.

Il montre en tout ce qu'il écrit
Des opinions avancées,
Car, pour le peuple qu'il chérit,
Son front est rempli de pensées.

FLEURS, FRUITS & LÉGUMES DU JOUR.

LE MYOSOTIS.

14

Au Bureau de L'ÉCLIPSE, 16, Rue du Croissant, PARIS

Imp. Coulbœuf, Paris.

CLÉMENT THOMAS.

« Souvenez-vous de moi »
A dit Clément Thomas le quatre de Septembre,
Au moment où la foule envahissait la Chambre.
« J'ai servi le pays dans un temps plein d'émoi ; »
« Souvenez-vous de moi »

FLEURS, FRUITS & LÉGUMES DU JOUR.

LE RAISIN.

Au Bureau de L'ECLIPSE 16, Rue du Croissant, PARIS

Imp. Coulbœuf, Paris.

HENRI ROCHEFORT.

Notre Député Rochefort,
Comme on le voit, ressemble fort
A la grappe
D'un raisin aux grains savoureux,
d'ou s'échappe
Un vin clair, rouge et généreux.

L'IMMORTELLE.

Au Bureau de L'ÉCLIPSE, 16, Rue du Croissant, PARIS Imp. Coulbœuf, Paris.

JULES FAVRE.

Pour l'Académie, il est immortel,
Pour le peuple, il est mort — ou presque tel.

FLEURS, FRUITS & LÉGUMES DU JOUR.

LA POIRE

Au Bureau de L'ECLIPSE, 16, Rue du Croissant, PARIS

Imp. Coulbœuf, Paris.

M. THIERS.

Vingt-un départements l'ont élu député.
Il n'est pas de succès pareil dans notre histoire.
Thiers voudrait rester froid, mais radieux, enchanté,
Malgré lui-même, il fait sa poire.

FLEURS, FRUITS & LÉGUMES DU JOUR.

LE HARICOT ROUGE.

18

Au Bureau de L'ECLIPSE 16, Rue du Croissant, PARIS

Imp. Coulbœuf, Paris.

M. SCHŒLCHER

Le haricot rouge est bruyant ;
Ce simple fait est authentique,
Mais il ne sort pas que du vent
De ce vieux mets démocratique.

FLEURS, FRUITS & LÉGUMES DU JOUR.

LE LAURIER

19

Au Bureau de L'ÉCLIPSE, 16, Rue du Croissant, PARIS *Imp. Coulbœuf, Paris.*

GARIBALDI.

Comme le laurier dont il est couvert,
Malgré son grand âge, il est toujours vert.

FLEURS, FRUITS & LÉGUMES DU JOUR.

LE BUIS.

20

Au Bureau de L'ÉCLIPSE 16, Rue du Croissant, PARIS

Imp. Coulbœuf, Paris.

M. DUPANLOUP.

Le diable dit: _ sauvons nous vite!
Dieu! j'allais me mettre dedans!
Ceci n'est pas de l'eau bénite:
C'est du vinaigre d'Orléans.

FLEURS, FRUITS & LÉGUMES DU JOUR:

PLANTE GRASSE.

Au Bureau de L'ECLIPSE, 16, Rue du Croissant, PARIS

Imp. Coulbœuf, Paris.

M. CRÉMIEUX

Voila Crémieux! dira la foule;
Son portrait est des plus ressemblants:
Ce vieux Cactus à cheveux blancs
Est-bien une drôle de boule!

FLEURS, FRUITS & LÉGUMES DU JOUR.

LA POMME

Au Bureau de L'ECLIPSE 16, Rue du Croissant, PARIS.

Imp. Coulbœuf, Paris.

M. POUYER-QUERTIER.

Le pays qu'enrichit la pomme
Est connu dans le monde entier :
Ici, de ce fruit qu'on renomme,
Pouyer vous montre un fort Quertier.

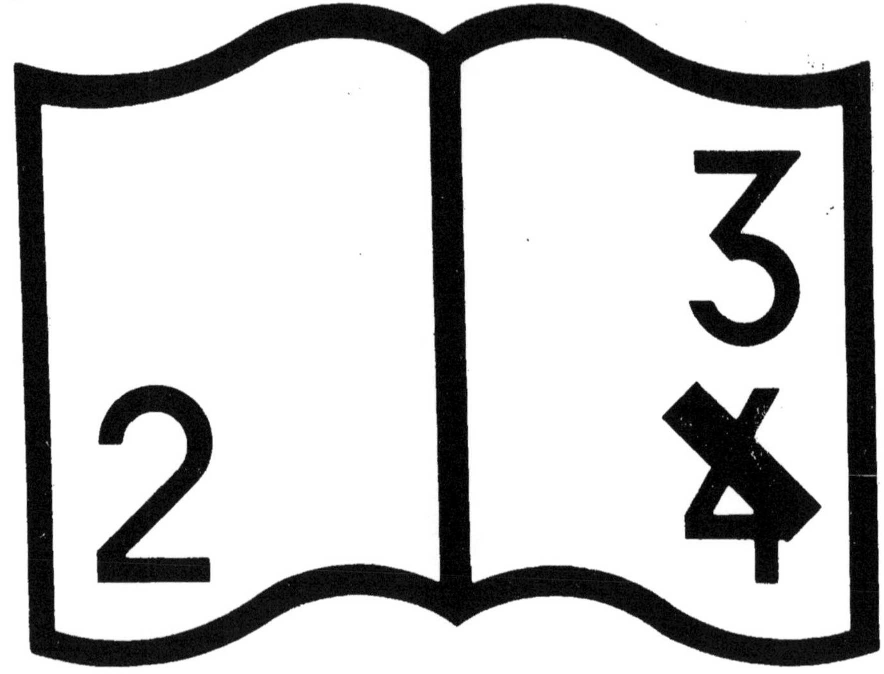

Pagination incorrecte — date incorrecte

NF Z 43-120-12

LA VIOLETTE.

Au Bureau de L'ÉCLIPSE, 16, Rue du Croissant, PARIS. Imp. Coulbœuf, Paris.

M. EDGAR QUINET

Sous tes écrits, Edgar Quinet,
Tu vis caché, parfumant l'ombre :
O fleur, loin des regards qui nait,
Violette aux charmes sans nombre !

FLEURS, FRUITS & LÉGUMES DU JOUR.

LE LIERRE

Au Bureau de L'ECLIPSE, 16, Rue du Croissant, PARIS — Imp. Coulboeuf, Paris.

M. DUFAURE.

Oh! quelle plante singulière!
Quel attachement obstiné!
Toute sa vie on voit le lierre
A des ruines cramponné.

CAMPANULE.

24

Au Bureau de L'ECLIPSE, 16, Rue du Croissant, PARIS Imp. Coulbœuf, Paris.

M. GREVY.

Quand la pivoine aux tons ardents
Blague le lys à pâle teinte,
La Clochette adroitement tinte :
C'est l'emblème des Présidents.

LE MELON

Au Bureau de L'ECLIPSE.16, Rue du Croissant, PARIS

Imp. Coulbœuf, Paris.

M. LOUIS VEUILLOT.

Elle a beau revenir de Rome,
Humide encor du goupillon,
Sous une cloche, au lieu d'un homme,
On ne peut trouver qu'un melon.

FLEURS, FRUITS & LÉGUMES DU JOUR.

LES CERISES.

Au Bureau de L'ÉCLIPSE, 16, Rue du Croissant, PARIS

Imp. Coulbœuf, Paris.

M.M. EMMANUEL & ÉTIENNE ARAGO.

Sans se conduire, voyez-vous,
Comme la belle Boulangère,
La République a des bijoux,
Certes, qui ne lui coûtent guère.

FLEURS, FRUITS & LÉGUMES DU JOUR.

LA CITROUILLE.

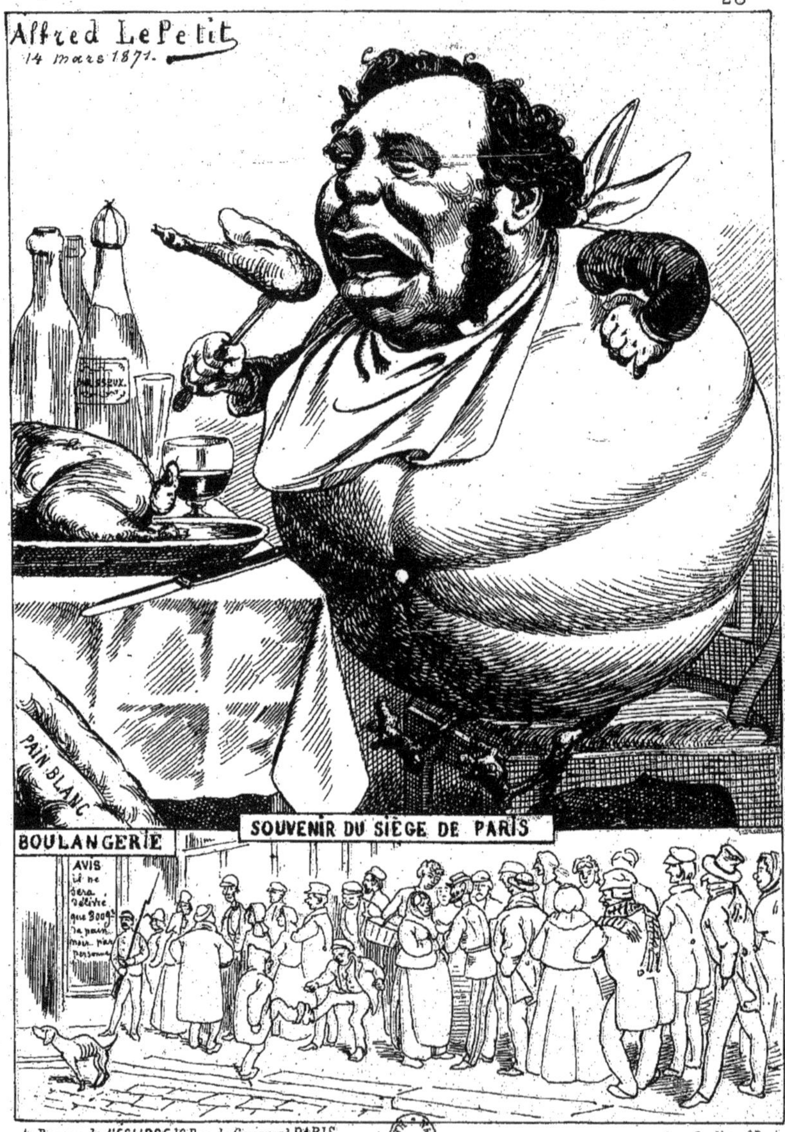

Au Bureau de l'ÉCLIPSE, 16, Rue du Croissant, PARIS

Imp. Coulbœuf, Paris

M. ERNEST PICARD.

Hélas! — sans pain, sans bœuf, sans houille,
Paris a beaucoup souffert, car
Il a souffert qu'Ernest Picard
S'arrondit comme une citrouille.

FLEURS, FRUITS & LÉGUMES DU JOUR.

LE CHARDON.

Au Bureau de L'ECLIPSE, 16, Rue du Croissant, PARIS

Imp. Coulbœuf, Paris.

M. P. TIRARD.

— « Aux ânes de la République
Foulant mon pré municipal,
Je dis : — qui s'y frotte, s'y pique !
Je suis un Chardon radical ! »

FLEURS, FRUITS & LÉGUMES DU JOUR.

L'ÉGLANTINE. 30

Au Bureau de L'ECLIPSE, 16, Rue du Croissant, PARIS

Imp. Coulbœuf, Paris.

M. Vor HUGO.

Ce vieil et robuste églantier
Toujours fleuri de nobles roses,
N'eut des épines sans quartier
Que pour les méprisables choses.

LAITUES.

Au Bureau de L'ECLIPSE 16 Rue du Croissant PARIS

Imp. Coulbœuf, Paris

M. JOIGNEAUX.

Le Siècle veut que l'on joigne aux
Salades qu'on vend à la Halle,
La salade obsidionale
De l'agronome P. Joigneaux.

Fin de la 1re Série

www.ingramcontent.com/pod-product-compliance
Ingram Content Group UK Ltd.
Pitfield, Milton Keynes, MK11 3LW, UK
UKHW020328220726
13923UKWH00003B/1427

9 782019 314446